JN410952

너의 얼굴

너의 얼굴

초판 1쇄 인쇄일 2016년 11월 18일
초판 1쇄 발행일 2016년 11월 25일

지은이 권영모
펴낸이 양옥매
디자인 황순하
교 정 조준경

펴낸곳 도서출판 책과나무
출판등록 제2012-000376
주소 서울특별시 마포구 방울내로 79 이노빌딩 302호
대표전화 02.372.1537 **팩스** 02.372.1538
이메일 booknamu2007@naver.com
홈페이지 www.booknamu.com
ISBN 979-11-5776-317-7(03810)

이 도서의 국립중앙도서관 출판시도서목록(CIP)은 서지정보유통지원 시스템 홈페이지(http://seoji.nl.go.kr)와 국가자료공동목록시스템 (http://www.nl.go.kr/kolisnet)에서 이용하실 수 있습니다.
(CIP제어번호 : CIP2016027494)

너의 얼굴

권영모

책과나무

시인의 말

슬프게 태어난 것일까?
누가 울면 따라 울어 버리는
나 자신이 왜 그리도 부끄러운지

하얀 종이를 좋아했지
지금도 여백을 사랑하고
그 여백 위에 그림도 글씨도
초라하지만 그렸다 지우고
지금도 그렇게 사는 게 좋아

누구에게 자랑할 만큼의
나 자신이 아니기에
해 넘어 깊어진 밤하늘에
넋두리하듯 어설프게 써 가는 글들
그것이 날 지켜 주는 날들이었지
수많은 저 별들과 함께

목 차

3부

너에 취해 사랑에 취해

4부

영롱함, 그 눈물의 의미

5부

살며 살아가며 노래하며

· 1부

계절의 끝에서 부르는 노래

가을

오늘 어디론가
떠나고 싶은 충동이 밀려온다
싸늘히 식어버린 채 내 품에 안기는 바람에

붉게 물들어 내게 손짓하듯
내 속의 나를 자꾸만 불러댄다
가을에 허약한 이 내 마음을

높은 하늘엔 뭉게구름
내 마음 열고 세상 향해 노래하라네
가슴에 간직한 사랑 노래를

난 왜 가을이면 쓸쓸해지지?

가을 국화

꽃이 피었네
모두가 떠나가는 가을날
말라 버린 잡초의 틈에
이렇게 저물어 가는데

따듯하고 풍요롭던 날들을 잊어버리고
싸늘히 식어가는 대지 위
아침이면 서릿발 뒤집어쓰고
싸늘한 바람은 낙엽 몰고 와
국화를 감싸듯 보호해 줘도

외로워 보인다
모두가 떠나가는 쓸쓸한 날
얼마를 사랑하며 살지 몰라도

가을날엔

모두가 그러는지
가슴이 텅 비어
가을바람에 말라 버린 수수깡처럼

바람도 낙엽도
나를 왜 슬프게 하는지

텅~ 비어 버린 가슴엔
허공에 목이 메어 나는 가오리연
세상의 모든 메임을 다 털고
어디인지 모를
나만을 위한 곳으로
바람에 실려 떠나고 싶다

가을바람

떠나려는 그대는 가을바람
가슴을 헤쳐 놓고
높은 하늘 구름 따라

이 마음도 그대 바람 따라
아파 슬퍼하며 왜 떠나는지
깊게 쌓여 버린 떠나다 멈춰 쌓인 낙엽

사랑하는 그대 위해
낙엽마다에 내 마음 담아
뭉게구름에 실어
가을바람에 보내 드리리

가을비

오늘을 재촉하듯
비는 내린다
어느덧 다 떨어져 가는 10월에

뒹굴던 낙엽 흠뻑 젖은 채
물줄기 따라 여행을 떠난다
내리던 빗줄기 멈추고 나면 가을을 재촉해 보내 듯
싸늘한 날이 찾아들겠지
또 다른 푸른 날을 기약하면서
가을비를 즐길 줄도 모르겠다

어느 날 그 빗줄기에 잠 깨어
푸른 새싹을 꿈꾸며

겨울이

녹아내린다
내 마음도
사랑의 싹이 깨어나듯

무뚝뚝한 표정으로
창백히 바라보던 너

봄 뻐꾸기 우는 소리에 놀라
너를 감추듯 녹아내린다

너 떠난 자리
실개천 되어 흐르고
버들강아지 하얀 눈 떠 아지랑이 바라보고
너 그토록 냉랭(冷冷)했던 표정도
오늘 춘풍에
온데간데없어라

겨울

1.

개가 뛴다

나도 뛰어 봤다

숨은 차는데

발은 얼어서 죽을 뻔했다

이제 왜 뛰는지 알 것 같다

2.

하얀 눈이 내린다

좋은 생각해 보려고

눈을 감아 봤다

잠들었다

3.

첫눈이 내린다

인터넷 창에 그녀의 이름을 쳐 봤다

마누라가 어떤 년이냐고 다그친다

4.

세차게 바람이 분다

발걸음을 재촉했다

빙판에 넘어졌다

괜히 뛰다 쪽만 팔렸다

꽃샘추위

떠나다 멈추어 서서
가려는 내 마음을 잡아 놓고

질투하듯
열려던 가슴마저 닫아 버렸네
그래 그리 아쉬우면
내 가슴에 널 담아 종종걸음을 하겠다

뒷날 너 떠난 후
널 그리워하다
비록 뜨거운 태양과 씨름하듯 살더라도

오늘 이 마음은
아마 너와 함께 떠날지 모른다
막 기지개 켜며 깨어나려던 꽃 봉오리
널 미워하더라도
오늘은 너와 하련다

나는 겨울나무

다 벗고
꿈을 꾸고 있는 중
날마다 불어오는 싸늘한 바람
부딪쳐 상처에 흐느끼는 날이 싫어서

눈 이불 물안개 꽁꽁 얼어붙은
겨울나기의 날들
그래도 따듯한 가슴을 움켜쥐고
꿈을 꾸며 살아간다

긴 겨울은 어차피 시간 속에 묻히는 중
꽃도 맺고 열매를 맺는 날을 상상하며
더 성숙한 날을 위해 겨울나기를 한다

나를 과대 포장했던 거추장스런 날개
다 벗어 내려놓고 꿈을 꾼다
따듯한 봄날을

나팔꽃

가느다란 몸
분홍의 송이 송이
더위에 지쳐 낮에는 잠이 들고
하얀 이슬을 머금고 산다

힘이 센 친구 의지하며
조금은 더 하늘 향해 오른 자리
송이송이 꽃을 피우고 뽐내고 있네
가냘픈 자태를 하고서

들국화

바람이 힘겨운 듯
까칠해진 너의 모습
스치는 모습엔 보잘 것이 없어라

낙엽이 뒹구는 폐허에 피어나
가냘픈 모습 유심히 바라보니
깊은 아름다움 감추고 있었네

언제 내릴지 모를
너를 향한 차가운 서릿발
아쉬운 마음에 콧등을 대어 보니
아름다운 모습에 향기는 더 아름답네

아~아
너를 향한 기다림
일 년이 왠지 슬퍼진다

봄 산에는

꿈에서 깨어난 봄
님을 기다리다 목이 길어진 이름 모를 꽃
아직도 깊은 잠에 빠진 님은 소식이 없나 보다

사납게 생긴 돌 틈에 기대어
지쳐 버린 육신은
아침 이슬을 품고 깨어 있네

능선 메말라 흩어진 낙엽 사이
할미가 되어 굽은 허리 하고
보랏빛으로 홀로 늙어 버린 할미꽃

나를 품은 채
굽은 머리를 하고 깨어나듯 태어난 고사리
하얀 옷을 벗어 버리고
파란 손이 되어 봄바람에 반기듯
이리 오라 손짓을 한다

여름날의 소낙비

아름다운 날입니다
여름의 긴 터널을 잠시 빠져나온 듯

한낮의 햇살에
지쳐 쓰러진 대지

날 또한 깨워 주는
아름다운 날의 소낙비입니다

싸나운 바람이 함께해도
이 빗소리에 취해 갑니다
내가 나를 모르는 시간이었나 봅니다
이렇게 지쳐 있었던 나를
아니 온 세상이 지쳐 쓰러져 있던 것을

저 싸납게 내리는 빗소리에
모두가 깨어 있으니 말입니다

첫눈

첫눈이
내 가슴을 덮쳐 버린 아침
날 유혹하듯 창밖에서 춤을 춘다

겨울
계절의 여행 중에 첫 번째 다가온
이미 마음은 눈 위에서 뒹군다

세상
저렇게 하얗게 덮어 버리고
모두가 덩달아 하얀 마음으로 쌓여 간다

모두는
엉거주춤 춤을 추듯
저 눈 위를 마음은 뛰고 몸은 기어간다
그래도 첫눈은 아름답다
사랑을 꿈꾸듯

하늘에 핀 꽃

꽃이 피었네
반짝임이 모여 군무를 추듯
반짝이며 흐르는 시냇물 꽃
외로이 기다리는 더 아름다운 꽃

하나는 내 마음에 지닌
나에게 속삭이듯 다가서 깜박이듯
난 어쩌면 그를 바라기로 만든
문 맹 자

저 꽃들의 속삭임
난 아직도 어리석은 몸
좀 더 흐릿한 내 눈초리가 되면
아~ 그리워할지 모른다

호수의 가을

억새도 수초도
빛바랜 모습으로 바람에 흔들린다

높아져 버린 하늘
호수는 떠나는 구름을 안은 채
식어 가는 마음을 달래는지

바람에 밀려온 낙엽
헤어져 떠나려는 돛단배처럼
춤을 추듯 살랑거린다

외로워도 조금만 기다려 보자
멀리서 찾아드는 철새가
내 품에 안기듯 또 찾아들 테니
오늘은 모두가 떠나듯
스산한 호수이련만

흩어져 날리는 가을

뿌려 흩어져 날리듯
내 마음도 날리어 가네

움츠려 드는 이 마음
님의 따스함에 또 떠나보내고
속절없는 육신만 낙엽 따라 헤매네

또 다른 내일이 기다리는 자연처럼
나도 털고 갈 수 있으면 좋으련만

이 몸이 무슨 보석이나 되는 듯 다 끌어안고
조그만 상처에도 눈물짓고 마는 나 자신에
나뒹구는 자연 앞에 멈춘 시계처럼
나 자신을 뒤돌아보네
다 버리듯 떠나가는 저 세상을

· 2부

어제보단 오늘을, 오늘보단 내일을

가출

이른 새벽
짙은 안개가 날 막고 서있다
육체 이탈을 하듯 가슴은 본연의 나를 찾아
어디인지 모를 미지를 향해 가출을 시도한다

구속하는 이 없어도
내가 날 얽매어 놓았던 날들

삶이라는 내게 주어진 날
충실하려 나를 구속했었고
그 구속에 또 다른 나를 찾으려 했다

육신은 오늘도 어제처럼
또 그 자리를 맴돌고 있지만
영혼은 나를 찾아서 이미 여행을 떠나는 중이다

내가 그리던 땅

내가 누리고 싶었던 날들이 나를 기다리던 일처럼

잠시라도 이대로 였으면……

꿈을 안고

날마다
지친 육신과 영혼은
오늘도 밤을 안고 잠이 든다

깊이 잠이 든 행복의 시간
영영 깨어나지 못할지라도
꿈속에서 그리는 그 아름다움에
지친 육신은 날개를 편다

깃털을 털고
날갯짓을 시작하는 어린 새들의 두려움
쫓고 쫓기는 먹이사슬
지금, 지금은 다하지 못해도
뜨는 태양을 기다리며 오늘을 살아간다

꿈의 여행

발가벗고
세상이 두려워 울면서 세상에 찾아온
그래도 세상이 녹록치 않음에도 싸우듯
밤낮을 잊어버린 채 살아온 숱한 날

행복과 상처가 늘 일희일비하듯
그 흥겨움에 방황이 연속이던 삶
보내는 날들이 늘 아쉬움
또는 그리움으로 쌓여 가는데

언제일지 모를 여행의 종착역
웃으며 더 크게 웃으며 행복했다고
말할 수 있을 것 같은 작은 꿈에
오늘도 행복해 하는지 모른다
사랑하는 이들이 곁에 있으니…….

또 다른 오늘

來日을 위해
그 내일을 산다
지나 버리면 잊어버리고 마는 날들
또 다가서는 그 오늘

그 오늘을 늘 충실하고 겸허하려 하지만
지나면 또 아쉬움만 남기는 것을

내가 다 사랑하지 못한 세상에
그 아쉬운 세상을 향해 사죄하듯
내세우던 나를 조금 더 내려놓고

많은 부족함에 말없이 옆자리를 본다
멀리도 아닌 지금의 자리
사랑하고 있는지

망각

터져 버릴 듯해 머리를 감싼
그 속에서 또 무엇인가를 위해 쥐어짜는
깊은 상념

내가
버려야 할 것과 주워 담아야 할 것을 망각한
많은 시간을 떠나보낸 후에야
그 아쉬움에

이젠 내가 사랑하는 이들을 위해
내가 저질러 온
함부로 대한 시간들에 무릎을 꿇는다

나아진 아니 버려 버리듯 대한 시간들에
더 사랑하며 과거가 돼 버린 날들에게
참회하듯 더는 후회하지 않으렵니다

설레듯 살아가는 삶

이렇게 벅찬
설레며 살아가는
또 다른 연인을 날마다 맞이하듯
다가가며 찾아가는 시간들

부끄럼 없이
나라는 존재는 조금 내려놓고
낭비하듯 스쳐간
지나 버린 날의 아쉬움

조금은 부끄러운 그 죄
내가 질문하며 대답해 본다
얼마만큼 어디까지
감사하며 살아가는 중인지
낭비한 시간에
설렘이 부족했던
사랑하지 못한 날을…….

아쉬운 삶

아쉬움인가
어두운 길을 걸어온 듯한 시간들이
가슴으로 웃고, 울며 채찍 하듯
내면을 드러내지 못하고

언제인지 버리듯 챙겨 보지 못해 온
자신은 그것이 사랑이라고
망상에 사로잡혀

어쩌나
그래도 아쉬움만 남는 것은
더 주고 더 베풀지 못한
나 자신이 부끄러워 원망하는 것은…….

사랑했습니다
더 사랑하겠습니다

아쉬워서

웃고, 울던
지나간 시간들
머리에 자리하고 스쳐가련만

그토록
힘들어 울먹이던 시간들도
아쉬움으로 남았다네
다시 돌이킬 수 없는 지나온 길
진한 그리움으로 남은

또
또 다른 길을 오늘도
이렇게 정처 없이 떠나는 길
그리워할 그날을 만들면서

인생

걸음마다
또 떨어져 온 낙엽이
내 가슴을 떨리게 하네
검붉게 타오르던 청춘도
낙엽처럼 내려놓으라 하는 암시이기에

어차피
세상에 내가 가져온 것 하나 없었고
들고 갈 것 하나도 없는 길 아니었던가

그래도
아쉬움을 말하라면
세상을 더 사랑하지 못했던 날들 뿐
아직 얼마일지 모를 날들이라도
바람이 날리어 흙이 될 낙엽 같은 삶일지라도
더 사랑하며 살아가려네

오늘을 사는 아쉬움에

또 이렇게 떠나보낸 후 잠이 든다
매일 연습을 하듯 아무렇지 않은 모습으로

세상 재미에
내게 주어진 내가 해야 될
아까운 나를 버리듯 잊어버린 시간들
오늘도 그렇게 잊혀져 갈 뿐

자그만 핑계 같은 일에도
내가 나를 억제하지 못하고
그 죽일 놈의 술과 씨름하다 잠에 들어
또 다른 오늘 낭비하며 떠나보낸다

인생이

이토록 날마다 후회인 것을

오늘도 또 다른 연습을 하며

석양을 바라보다 내 마음을 들여다본다

내일은 또 어떤 모습으로

나를 찾아 헤맬지

그래 그래도

내일은 사랑하며 살자

인생길

아직도
붉게 타오르는 가슴
노을을 상상도 하지 않는다

여기가 어디인지 알려 들지 않고
나 자신을 추스르려 하지도 않는다

보잘 것도 모양새도 없다
삶의 질에 귀하고, 천함도 아닌 것을

훗날 후회하며 통곡할지 몰라도
이렇게 사는 것이 인생인 것을

이 잊을 수 없는 시간들
가슴에 사랑하며 살자고 새기며 살아간다
오늘 이 모양새에 폼을 잡고

자리

머물던 자리
아름답고, 향기 가득한

또 가야 할 자리
모두가 더 지금보다는 아름다웠으면 하련만

많은 사람들 각자 생각이 다르듯
조금씩 자기를 색깔을 버리고 떨어져 간다

얼마나 긴— 어둠의 터널인지 모른 채
영원히 보존할 자리인 양 망각하고

떨어져 지워지듯 한 짧은 삶이련만
안타까움만 가득하네
저들의 행실에…….

자연 같은 삶

내가 날 사랑하는 만큼
모두 사랑하는 길이 있다면

별것도 아닌 초라한 몰골
싸움닭처럼 조금 더 유리해지고 소유하고
결국은 부질없는 삶인 걸 잊은

날마다 또 다른 분장을 하고
큰 칼 옆에 차고 먹이 찾아 헤맨다
내 욕심을 다 못 채운 벼슬 숨기고
가쁜 숨 몰아쉬며 욕심의 곳간 채워 간다

오늘 하루는
아무 생각도 않고
그래 두 다리 쭉~ 뻗고
장단을 맞춰 볼까나
세운 볏 내리고
무거운 칼 벗어 놓고

채울수록 커지는 욕심

오늘도 숨하고 있음을 감사해야 할 것을
또, 잊은 채 목말라 헐떡이는 짐승처럼
더 찾아 채우려 헤맨다

삶이 다하는 날도 다 잊고
또 다른 먹이만을 찾아
적과 동지는 어제일 뿐

감사할 줄도 모르고
터지도록 커져 버린 욕심의 배만 채우고
더 채우려 권모술수만 더 능해져만 간다

별것 아닌 인생인 것을
별것 아닌 명예인 것을 망각하고
오늘도 하이에나가 되어
쓰레기통을 뒤진다

행복

행복하려
나를 버리지 말고
나를 찾으려 들지 말고

주어진 시간
날 위해 날 좋아하는 사람 위해
쓰다 남으면 이웃 위해 쓰면 될 것을
괜한 행복을 찾으려 든다

그리운 이 있으면
간다는 말없이
또는 온다는 말없이
만나고 지껄이고 웃고, 울고

너, 나 그렇게

올 때는 좀 다르게 왔을지 몰라도

살아가는 것은 마음에 두는 것

조금 부족함은 언제나 풍요보다 행복한 것을

날 기다리는 기다려 주는 이들이 있어

내일이 더 기다려지는지 모른다

또 다른 행복이 있기에

허황된 꿈

모두 다 소유하고 누리고픈 꿈
허황된 꿈을 좇아

결국 자신의 그릇을 생각하지 못하고
그 허황된 꿈만 찾아간다

얼마나 힘들고 더 뛰어도
그래도 이루어지지 않는 꿈이란 걸 모르고

얼마나 산다고 다 가질 것처럼
그 현실만 탓하며 사는 그들
결국은 피투성이가 돼서도
지 몰골을 지들은 모르고 산다

혹시나

혹시나
바라보던 것 내게 와 줄까
이렇게 살아왔고 살아간다

혹시나
꿈꾸어 왔던 날들이 나를 막아서서
여기 왔잖아 할지를
이렇게 오늘을 사는 것이
또한 그렇게 살아가는 것인데

나보다 먼저 살다 가 버린 사람
다 그렇게 어제를 교훈으로 살아가며
오늘에 또 속고 속는 것인데
내게 어제의 교훈은 잊은 채 말이다
사랑하며 살아가면 그게 인생인 것을
오늘 또 혹시나를 꿈꾼다

후회

해질녘에야
네가 가 버린 걸 알았어

그 어두움 문맹이 되어
지나간 시간을 그리워하듯

짧은 듯한 반백을 살면서도
똑같은 날들, 또 다른
그렇게 잊고, 버리고 사는 것을…….

오늘도 먼 하늘만 바라보며
반짝이는 별들에게 속삭이듯 또 다른 약속을 해 본다

내게 주어지는 날들의 시간마다
더 아름답고, 더 사랑하며 살겠노라고
비록 내일 그 약속을 잊은 채 또 후회한다 해도…….

흐르는 시간들

날갯짓한다
시간의 억지 주장에 앞으로 가기 위한
그렇게 흐르듯 가는 것이 삶이기에

문득
돌아보면 너무 멀리 왔다는 걸
내 몸이 조금씩 말해 주는 것을

쳇바퀴 돌듯
피투성이가 되듯
흘러간 시간들만 아쉬워하며

오늘 모든 걸 잊은 채 또 떠나고 마는
주어진 시간 속 여행길
알듯 모를 듯한 남은 시간을 위해
아쉬워도 쿨하게
떠밀려가듯 오늘을 간다

· 3부

너에 취해 사랑에 취해

그리운 님

당신을 기다리다
당신을 품고
깊은 잠에 빠져 버렸네

어디인지
당신의 영혼을 찾아
밤을 지새우며 여행을 떠나듯
그 꿈을 안은 나를
중천에 떠오른 햇살이
커튼 사이로 불러 깨우네
여행의 환상을 깨어 버리면서

아쉬움은 또 다른 날을
기약할 수 있지만
그대 향한 그리움은 떠나지 않고
가슴엔 여진이 인다

내 곁을 떠난 추억

그대 내가 사랑했던 날
그땐 내 곁을 지나듯 떠나 버린
지금 어느 곳에 머물러 있어도
난 그대를 그리워 못해요

혹 스쳐 지나가도
이미 그대는 추억 속의 그 사람
난 그대를 알아볼 수 없어요

초췌한 내 모습
아마 그대는 날 모르는 사람인 양
이젠 스쳐 지나갈 인연일 뿐

그토록 그리워 애태우던 날
이미 무덤이 돼 버린 지 오래
그래도 더러는 그리울지 모른다오
말라 버린 가슴은 뛰지 않아도

너라는 존재

왜인가
세상에 너밖에 없다는 것이
자아는 언제부터인지 찾을 수 없는 것을

눈 잠시 감은 채 꿈속에 헤맨
추억 같은 시간을 보낸 날 뿐
나의 흔적은 오간 데 없고
너의 미소에 따라 웃고
너의 슬픔에 가슴 조이며 죄인이 돼 버리는 날

그래도 아픈 기억은 내 곁에 없고
너라는 존재 속에 살아가는 나
너라는 그 울타리에
나는 너를 느끼며 숨 쉬고 있다

너에 취해서

너에 취해서 기다리다
너에 빠져 버린

깊어 가는 밤
기다림에 지쳐
나뒹구는 술병 틈에
오늘도 잠이 들고

꿈결에 차인 술잔은
허공 속에 흩어져
반짝이는 별이 되어
속삭이듯 다가온다

이토록 빠져 버린 나
내일도 또 너를 안고 잠에 들련다
사랑에 취해

당신과 나

마주 보기만 있기를
더는 바라지도 않았어

사랑한다는 말하지 않아도
행복해 미소만 흐르는 시간들

세월이 이렇게 날 모르게 떠나와
당신과 나 변함없이 그리워했건만
변해버린 초라해진 모습

당신을 아름답게 바라보는 눈
당신의 감미로운 말에 쫑긋 세운 귀
당신의 향기에 빠진 가슴은
옛날 그대로인 걸

때론 뒤에서 날 원망해도

내 귀는 앞에만 향하고 있는 걸 당신은 모르지

당신의 진실이 아니란 걸 알기 때문에

사랑합니다

당신은

당신은
내 앞에서 힘들어 해도
아파해서도 안 됩니다

당신의 삶이
보잘것없다 할지라도
후회하거나 슬퍼해도 안 됩니다

조금 부족하고 불편해도
당신 웃는 모습에
난 행복합니다

당신을 위한 기도

날 찾으려 들지 않게 하소서
당신을 향한 이 마음 변치 않고 살게 하소서
내가 힘들다고 내 혀에
칼을 물지 않게 하소서
당신과 함께 살아가는 동안 당신께 행복만 주게 하소서
당신의 아픔까지 사랑하게 하시고
행복의 눈물을 흘리게 하소서
다시 태어나도 당신을 위해 태어나게 하소서
사는 날까지 삶의 도구로 삼으소서

당신 별자리

어둠이 내려서야
별들을 바라볼 수 있다

쓸쓸하고 외로운 날
다른 자리에 서 있으면
왜 그리도 밤하늘의 별마저
내 마음에 속삭이듯 스며드는지

그 자리에 날마다 변함없이
자리하고 있는 당신의 별
그런 당신을 간직하고 있는 난
행복한 사람

그 행복을 모르듯
사랑을 사랑인지 못 느끼며
감사하고 사랑한단 말 한마디 못 건네는 자신을
저 달님은 눈 흘기듯 바라본다

그러겠지

내 가슴에 대고

진정 행동하는 사랑인지

어둠이 내려야 별을 그리워할는지

떠나간 사랑

떠나 버린 사랑
내 마음에
그대의 그리움을 심지 말아 주오
미워할 수 없는 시간들

돌아선 자리
차라리 조그만 추억이면 좋겠지요
바람 되어 혹시 스치더라도
그냥 흘러갈 수밖에 없기에
그리워 그리워한다고
그 그리움을 가슴에 심으면
내겐 더 아픈 사랑일 뿐이기에

그래도
사랑했다고 말해 주겠소
저 흘러가는 바람에

불을 꺼도 하얀 밤

멀어져 있어도
잊을 수 없어라
깨어져 잔해된 자리
지쳐 쓰러진 작은 가슴엔
그대 향한 그리움만 쌓이어
밤은 밤이 되지 못하고

그리움은 날마다 쌓여 갔고
그 숱한 날을 원망할지 모른다
끝내 피어나지 못한
한 송이 슬픈 꽃의 꿈이었기에…….

사랑이란

싸움 속에서도
미워하지 않고

용서하고 싶지 않으면서
벌하지 아니하고

멀리 있으면
더욱 그리워지는 것

사랑하는 당신 안에

당신이라는 이름 앞에
사랑이라는 포장으로
골라 골라서 당신께 보내는 내 가슴은
향기에 취해 버린 지 오래
내가 그리우면 당신 가슴에도
그 향기의 싹이 피어오를 테지요?

세상살이에 문뜩문뜩 잊어버려
당신의 향을 잊고 지내다가도
당신이 있기에 세상살이의 고달픔까지
잊고 살아가는 중입니다
지쳐 늙어 가는 육신까지도 말입니다
사랑합니다

자식

어느 날은
내꺼 같은 생각에
가슴이 따듯해져 온다

어느 날은
낯선 모습에 다가서다
멈칫 돌아선다

내 만족도 나를 위함도
실은 아니련만 자꾸만 나를 충족하려 들고 만다

품에 있을 땐 숨소리도
이쁜 자식이지만
이젠 내려놓아야 할 시간인가 보다
근데 왜 이리도 바라만 보이는지

너희에게도

아니 모든 이들의 부모들은

낯선 자식을 그리워하며 살아간다

첫사랑

모든 것이 아름다운
내게 다가온 것은
심장을 멎게 만든 사랑이었지

모든 것이 아름다워
내게 다가온 것은
심장을 멎게 만든
사랑의 향기였지

얼마만큼인지도
눈은 마냥 멀어 버려
너 하나만이 내게 유일한
아름다움이었지

방황하듯

아니 얽매이듯 너를 향한 나

문득 눈을 떴을 땐

내겐 과거로 되어

첫사랑이 되어 버렸네

한 해를 보내며

기다릴 수 있는 시간이었기에
많은 날들이 행복했습니다
점점 짧아지는 당신을 향한 그리움
한 장씩 떨어져 나가는 날들이 두렵습니다

사랑합니다
또다시는 맞이하지 못할 날
당신 가슴에 깊이 오래 담아둘
사연은 많이많이 간직하지 못한 삶이련만

사랑합니다
수많은 일들이 시간이 지나면 뇌리에서 사라지듯
그러나 당신을 향한 그리움은
오늘 또 한 장의 날을 떼어 낸다 해도
영~영 변하지 않는 사랑입니다

사랑합니다

· 4부

영롱함, 그 눈물의 의미

가족

같은 생각
또 다른 의견이 있어도
함께할 수 있어서 행복합니다

세상일에 헐레벌떡 뛰다가도
숨을 고르고 웃을 수 있어 행복합니다

조금은 미워 다툼이 생겨도
소중하고 귀한 존재이기에 행복합니다

사랑하기에 힘든 시간이어도
불행하지 않는 것이 행복합니다

잠깐의 떨어짐에도
보고파 눈물지을 수 있어 행복합니다
사랑합니다

그리움

아름다움의 맺음
눈물 꽃

말없이 흘러 허공에 흩어져
진한 향기는 아쉬운 여운만 남기고

가슴속에 맺힌 그리움
패인 가슴 자리에
꽃이 되어 흐르듯 떠나간다

흐르고 난 가슴의 자리는
잊히듯 멀어져 가지만

언제 또
한 자리 차지하고 눈물지을지 모른다

날 떠나보낸 그리움

떠밀리듯 살아오며
나를 잊어버리고
내가 원하는 시간들은
삶의 시간 속에 범벅이 돼 버려
나의 그리움조차 챙기지 못했는데

가지 말라 해도
들은 체 만 체 떠나 버린
뛰듯 또 다른 나로 살아남아
이제야 가던 길 뒤돌아서니
그리움으로 다가온다

생각이 없었던 날은 아니었지
나를 버린 것도 아니었어
비록 나를 찾아 나서지 못했을 뿐
이제야 뒤돌아볼 시간
잃어버린 내가 왜 이리 초라한지
눈물만 흐른다

너(술)와 나

어떤 날은 울고 싶어서
어떤 날은 슬프고 싶어서
어떤 날은 슬퍼서
어떤 날은 즐거워서
어떤 날은 행복해서

그 핑계를 만들어
널 만나는지 모른다
사랑하지는 않는다 분명
인생의 이 푸른 향기마저
그 고약한 너의 향기에 가리어져
오늘도 흐느끼는지 모른다

눈물

울 수 있어서
살아 있음을 느낄 수 있네
아파서, 감동해서, 그냥 울어도
난 함께 울어 줄 수 있어

한참을 울다가도
돌아서면 왜 가슴이 따듯해 오는지
그래서 오늘도 또 우는지 모르겠네
언제까지일지는 몰라도
함께 울어 줄 수 있으면 좋으련만

'눈물은 神이 人間에게 膳物한 治癒의 물이다'

-헨리 모슬리-

망각의 눈물

원망을 하다가도
가슴만 움켜쥔 채

잠시라도 나, 자신을 위해
눈물만 뚝뚝 흘려 본다

모든 것이 내 탓이란 걸
망각한 가슴을 탓하며
그래서 오늘은 울고
내일은 눈물을 닦고

평안의 여행을 떠난다

바보의 눈물

바보로 살려고
나를 잊어버리곤 한다

좀 더 모자란 사람처럼
나를 버리듯
나의 존재를 잠깐, 잠깐 잊은 채
이유 없는 나 눈물을 흘리고 만다

노을 따라 떠나던
허기진 배를 움켜쥐고
갯벌에 반쯤 처박힌
낡은 낚싯배의 무덤에 앉아
기약 없는 내일을 기다리는 기러기

세상이 모두 잠든
깊어 가는 밤하늘에 먹이 찾아 헤매는
부엉이의 동그란 눈망울을 상상하며
부엉이의 울음소리에 밤을 뒤척이다
허기진 그를 생각하니 눈물이 흐른다

어머니

나는 지금 울고 있는 중입니다
그가 내게 준 사랑에
얼마를 울어도 내 가슴은 달래지 못해
나는 지금 울고 있습니다

떠나 버리고 나서야
이토록 그리워 할 줄 몰랐습니다
사랑하기에 항상 기도하던 날들
그게 바로 저 자식이란 것을

이렇게 울고 있다고
내 사랑을 전할 길이 이젠 없는
한없는 나 자신의 초라함에
그리움만 밀려옵니다

이 마음이

메아리 되어 저 하늘에 전할 수 있다면

나 살아가는 날 동안

이 간절한 내 사랑을 전하며 살아가렵니다

외로운 날

흐르는 눈물에
빗방울 떨어져 겹치어진
더욱 초라해진 몰골이 되어
아픈 마음은 실개천 되어 말없이 떠나듯 흐른다

금방이라도 폭풍 되어 다가올 하늘
내 마음은 그 폭풍에 휘말려 버린 것처럼
누군가에게 달래 달라기에는 늦어 버린 날
이슬 되어 내리는 비마저도
내 마음 헤아리지 못하고
가슴에 흐르는 눈물을 따라 흐른다

날 바라보는 나 자신이
떠나가듯 흐르는 구름처럼 처량해
이유 없이 궂은날만 원망하며
추슬러지지 않는 가슴 쥐어 안고
술잔만 바라본다
내 가슴을 달래 달라고

이슬 꽃

밤 동안 하늘을 먹고
잎마다 맺은 이슬 꽃
어두운 밤
누구와 속삭이다 저리도 슬퍼졌을까

그래 누구도 나를 모르지
그래서 날마다 맺혀지는지 모른다
가슴에 묻기보다는…… .

내가 나를 모르고
모두가 나를 모르듯
아침 햇살에 그저 진한 여운만 남기고 떠나련다

잃어버린 친구

내가 왜 슬퍼해야 하는지
다른 얼굴 어색해 버린 너
너만 있으면 전부였던 나
진정으로 사랑했던 너였기에

내 마음 깊은 곳에서
떠나보내고 지워 버려야 하는
슬픈 현실이 되어 버린 너

점점 더 과거가 되어 가는
세월의 시간마다 아쉬움만
그래도 슬퍼하거나 후회하지는 않는다
네가 내 곁을 떠나듯
나도 네 곁을 떠날 수 있다
너보다 더 사랑하는 또 다른 이를 위해
좋은 추억만 간직한 채

하늘에

하늘엔 날마다
엄마 냄새가 납니다

흘러가는 뭉게구름의 포근함
휘몰아치는 바람의 강인함
아~ 그리운 님 생각에
하늘에 또 한 방울 눈물이 뿌려집니다

무너져 내릴 듯한 8월의 태양을 식히는
크게 화내시는 듯한
하늘을 바라보다 문득 화난 엄마의 모습을 생각하며
그 그리움만 빗줄기 따라 흘러내립니다
화난 모습이라도 보고픈 것을

엄마~
엄마~~

향기보다 진한 이름

내 가슴속에 오신 어머니
떠올리기만 해도 두 어깨 들썩이며
눈물이 흐르네

어린 시절 해 주시는 좋은 말씀
하찮은 잔소리였을 뿐
학창시절엔 못난 아들 돈지갑 노릇 하시면서도
목욕비 아끼시려 당신 등 밀라 하시고
빈 지갑 보이지 않으시려
말없이 허공만 바라보시던 어머니
팔십여 평생 마치신 후에야
그 음성 왜 이리도 사무치게 그리운지
늦철 든 아들의 회한
갚을 길 없는 사랑
보고파 목 놓아 불러 보는 어머니
봄날의 향기보다 더 따듯한 어머니

혼자도 잘 우는 나

울고 싶을 땐
말없이 혼자 운다
비벼댄 눈동자엔 핏발이 맺혀 있어도
가슴은 모두 털어 버린 듯
시원해 온다

그래서 또 운다

혼자인 것을

너만 울고 있는가?
혼자라고
모두가 혼자인 것을

또 다른 나는
가슴에 새기어 속으로만 살아가고 있을 뿐
너만 혼자가 아닌 우리로 살아가는 삶이다
너, 나 이렇게 홀로 태어나
혼자로 살아가지 않는 것은
한 방울 한 방울 떨어져
시내 되고 강이 되어 흘러가듯
삶이 다 그런 것

슬퍼 마라
너, 나 모두가 혼자인 것을

· 5부

살며 살아가며 노래하며

갯벌 밤 풍경

임자 없는 목선이
버려진 갯벌에 나뒹구는
깊게 쌓인 어둠 속
달 조각 가끔 얼굴을 내밀며
수줍은 듯 구름 사이 숨바꼭질을 하네

목선 위 갈매기 지들 쉼터인 양
밤새 날갯짓 한 번도 하지 않고
출렁이는 파도 소리에도 깊은 잠을 잔다

가끔은 외로운 놈
님이 그리운지
꺼억, 꺼억 적막을 깨운다
이 밤이 새도록

광명

어둠이 무너진다
태양을 잉태하면서
어둠에 드리웠던 마음
아픔은 어느덧 멀어진 기억

내가 날 이기지 못한 어둠의 시간
이젠 꿈을 찾아 떠난다
찬란하지 못해 초라해도
가슴엔 평화가 흐른다
쫓기듯 시간에 얽매인 날들

저 태양이 또 서산에 진다한들
이젠 그 노을을 누리며 살련다
나를 누르던 얽맨 시간들은
영~영 떠나보낸 내 마음속에

건봉사

가는 길목마다
마주하는 모습마다
총을 멘 젊은 군인들
얼굴을 들이민다

나 지금껏 자유인이었고
저 총구를 들이댄 적 없었다

내가 사랑했고
내가 사랑하는 자식
또 다른 이에게 총을 든 채
건봉사 가는 길에 다가서네

부처님 사리
번뜻하게 지어진 절집
옛 전쟁의 총성 지금도 마음에 울린다
수많은 젊은 영혼이 숨 쉬는 건봉사

불이문(不二門)

너 혼자 살아 총알자국 지닌 채
또 나를 기다리고 있었구나
너 떠난 그 자리라면
아마도 난 건봉사를 찾지 않았으리라
총알에도 의연했던 모습이 아름다워서

나

1.

깊은 산중의 빈 곳간을 바라보다

맑은 골물에 큰절 올리듯 아침요기를 한다

2.

당신에게는 늘 철없는 아이였지만

지금 내 가슴은 당신의 그 가슴과 똑같습니다

3.

재물 없이 백 년을 살 수 있어도

내 인생은 당신 없인 하루도 못 살 겁니다

4.

너희를 사랑한다고 말은 안 해도

이 가슴으로 언제나 응원하고 있단다

5.

내겐 처음부터 잘 맞지 않는 옷이었지만
흉한 몰골이 돼서야 맞는 옷에 행복해한다네

6.

아무리 아름다운 꽃이라 한들
어찌 당신과 견주리

못난 개구리들

어느 한쪽에
깊은 상처인지 장애인지
계절이 오니
잠에서 깨어난 개구리
한참을 헤맨다
아직도 덜 깨어 꿈속에서처럼
어디로 튈지 모르는
못난 개구리들

여러 군중에게
돌팔매를 맞은 상처투성이
맘만 들떠 있는 초라한 개구리
봄은 오는데
잠은 깼는데
그래도 불쌍한 우리 선량 개구리들

삶의 방해자들

흐르듯 가는 세월
원하고 바라는 방향이 아닌 데로

한두 번도 아니고
발목을 자꾸만 잡는다
지들의 먹잇감이 되는 길로

아끼고 사랑하며 살아야 할 시간들
무참히 버려지는 안타까움 속에도
당리당략 어쩌면 하이에나와도 같은

버려지는 국력
끝없이 타락해 국민을 버리는 사랑
그 아쉬움은 모두 서민이 떠안고

별을 헤는 밤

밤벌레 소리가
내 마음의 고요를 깨워
먼 하늘의 별을 세고 있습니다

어릴 적 그리던 꿈의 별
사랑했던 이의 별
별의별이 가슴으로 쏟아져 내립니다
별똥 되어

내가 사랑했던 이의 별은
이방인의 별이 되었지만
지금도 저 별들을 세고 있는 것은
당신을 무척 그리워했었나 봅니다

벌레 소리도 잠이 들어
내 가슴에 내린 별똥별을 바라보니
어느새 이슬이 맺혀 흐릅니다
아름다운 여행이었습니다

별거 아닌 삶인데

살면
얼마나 더 산다고

세찬 찬바람
한 번의 몰아침으로
힘없이 떨어질 삶인 것을…….

그놈이 그놈이고
자신의 것을 망각한 채
입만 크게 벌리고 잘난 척만 하는 것은

먹으면 얼마나 더 먹겠다고
남의 입에 든 것까지
빼앗아 버리는 소인배들

올 찬바람도
또 그렇게 불어오련만
성숙했으면 진정 국민을 위했으면…… .

입만 저리 커서야

부산에서

자갈치시장 취객의 모습에
파도 소리 안주에
토막 낸 몸을 비비 꼬는 꼼장어
밤이 깊어 가는 줄도 모르고
해운대의 밤을 그렇게 삼켜 버린 후

아직도 몸은 꿈나라를 여행하는 중
아침햇살이 창틈을 비집고 들어와
어서 깨어나라고 아침 파도 소리와 리듬을 탄다

행락객의 술에 덜 깬 듯한 고성들
수평선에 떠 있는 뱃고동 소리
아침 해운대엔 일상 되어 흘러간다
오늘 밤에도 또 그런 밤
난 나를 다 털어 버리고
나를 찾아 일상으로 돌아간다
또 다른 날을 기약하며

자연

떠나간 상처가 쌓여
내 다니던 등산길을 덮었던 낙엽들은
겨울을 재촉하던 어젯밤의 사나웠던 바람이
오솔길을 깨끗이 치워 놨네요
깊게 쌓아 놓은 오솔길 옆 계곡엔
겨우내 깊은 잠에 빠져들겠지만
쌓아 놓은 저 낙엽 위에 하얀 눈을 덮어 놓고서

그래도 자연은 말이 없네요
바람이 불면 부는 대로
눈이 오면 오는 대로
자연에 말없이 수긍하다
그렇게 또 흙이 되어 가고
나도 또 그런 자연이 되겠지만

빈 술병

넌 오늘도
모든 것 다 털리고서도
흘릴 눈물도 없구나

너를 다 비워 채워 버린 난
흡혈귀도 아닌데
날마다 너에게
왜 이런 몹쓸 짓을 하는지

넌 텅 비어 널 내려놓았는데
난 왜 이리도 너를 취하고도
또 다른 널 찾아 나서는지

오늘밤은 다 비어 버린 저 하늘에
뜨거운 마음을 전하련다
구름 지우개가 찾아오기 전에
취한 눈 크게 뜨고 그리련다
넌 다 내주어 비었는데
왜? 내 입에선 텅 빈 소리만 나오는지

새해

어제와 별 다름없는
그러나 많은 그림을 그리지
누가 봐도 좀 벅찬
좀 虛荒되고 황당한

몇 날이 흐르면
언제 그랬더냐고
태연히 그 자리에 와 있음을
알고도 놀라지 않을 것을

이제 더는
나 자신을 속이지 않는 날을 위해
조금은 나를 사랑하듯
내가 사랑할 수 있는 이를 위해
뒤돌아서 볼 수 있는 날을
나 자신과의 어려운 약속을 해 보려 하네

나 힘들어할 때

더 힘들어도 말없는 이를 陰德할 수 있다면

큰 행복이 내게 찾아오는 것을

손발이 꽁꽁 얼어붙은 새해 첫날

해맞이를 하면서

마음에 刻印시키고

세상사 다 그렇듯

속을 다 드러낸
맑은 샘 속에
수염이 두 개 입만 커 보이는 미꾸리가 산다

고요히만 흐르던
야트막한 맑은 샘 속 자기 세상인 양 휘젓고
그러다 지치면 흔적도 없이 사라져
샘은 어느새 속을 드러내고 만다

풍파가 없으면
맑은 하늘을 그리워 않듯
미꾸리가 있어 맑은 샘이
더 아름다워 보이는지 모르겠다

세상사 다 그렇듯이
마음 나쁜 백조보다
미워 보여도 착한 오리면 어떨까

천마산 하산길에

두붓집 둘
좋은 자리다
그러나 맛은 참 섭섭하다
주인을 바꾸면 어떨까 싶기도 한데
그럭저럭 먹고는 살아가나 보다

그래도
다정한 주인장이 있다
가면 으레 옆에 앉아 준다
맥주 한 잔 달란다
우린 막걸리 마시는데
돈이 더 든다
모르는 건지 친절한 건지

주인만 바꾸면
정말 명당자린데
아쉬워도 갈증은 달랜다

정치인들의 밤

빗줄기에
기승을 부리던 날들도
힘없이 쓸려 떠나가네

그렇게 왔다 떠나고
늘 같은 날들이 아니련만
불쌍하게도 뒷날을 두려워하지 못하고

떠난 자리
머문 자리가 두려워지는 날들이 있으련만
비록 매 맞아 죽지 않을지라도

바람과 함께
하나둘 떨어져 나가고 나면
초라한 육신에 울부짖고 말 것을

오늘도 입만들 살아 있네

그들은 밤마다 축배를 든다

천년의 향으로

오래 묵지 않았네
그저 몇십 년 묵어진 몸
마음은 천 년을 더 묵어 자리하고
날마다 그 쾌쾌한 냄새만 풍긴다

나의 꿈일까
그 묵은 사람 냄새 나는 꿈
나 혼자에서 벗어나는
얼마 안 된 사람 오래된 사람
다 찾아와 친구 되기 바라는 꿈

사랑이라는 차 한 잔으로
몇 밤을 뜬눈으로 새우고
그 향기에 모두가 행복해하는
그런 날의 향기로 남는

훗날 나 떠나고
덩그러니 흔적으로 남아
그 향기가 천년을 흐르는
난 그런 천년의 향이 되고 싶다

천마산

두 팔을 벌린 모습
어머니 품을 닮은 천마산
그 가슴에 아기들 수련원이 있다
구부 능선 커다란 바위 임꺽정 바위란다
임꺽정이 소싯적 노닐던 바위
아니다 걱정스런 바위다
크나큰 바위 정상을 다 허용해 놓고
둘이서 안은 채 길 막고 위태로이 기대어 있다
오르는 님들 뭘 그리 걱정되는지
부지깽이만도 못한 나뭇가지 괴어 놓고 갔다

정상 동쪽에 서면
깊게 팬 절벽
하늘 향해 두 팔을 벌리면 하늘이 닿고 만다

돌아 내려오는 길
어머니 젖무덤 같은 바위
넘쳐흐르는 사랑이 방울방울 샘물 되어
찾는 이 모두에게 젖 물리듯 다 내어준다

몸은 지쳐도 마음은 하늘에 닿은
이 포근한 천마산을 안고 난 잠이 든다

썼다가 지웠어요

온밤 내내
당신을 썼어요

그대에게 기댄 채 지나온
당신에 대한 나를
한편으론 투덜대 듯

묻어 두고 싶었던
참고 지내온 날들
당신과 함께였기에

하얀 밤이 떠나
아침 해가 스며들어서야
꿈이었음을 알았지요

밤을 새워
썼다가 지웠어요
당신을…….

너의 얼굴

자네가 나와 기다리던 대합실
약속 없는 그 자리
갈 때 마다 둘러본다
실망 아닌 실망 몇 해가 흘렀는데도
마음은 자넬 아직 보내지 못했나보네

내가 좋아하던 담배
자네는 피우질 않으면서
형님의 귀한 말보로 연신 감춰 날라주던
못 마시는 술자리 지켜주며 졸던 그 모습

난 이렇게 미련스럽게 살아가는 중인데
자네는 늦게 배운 담배의 후유증인지
폐의 아픔으로 모두의 곁을 떠나 버렸으니

연수

나이 먹고 돈 떨어지면 곁으로 오라더니
그 중한 약속을 통째로 깨버리고

그래도 난 항시 바라던
자네의 바람처럼
자네 살던 내가 크던 공주 땅
향기라도 맡으려 곁에 갈까 한다네

· 6부

갤러리

70mm x 70mm

肝膽相照(간담상조)

'간과 쓸개를 내놓고 서로에게 내보인다'라는 뜻으로 서로 마음을 터놓고 친밀히 사귐

150mm x 150mm

想夢(상몽)

생각하고 꿈꾸고

苛政猛虎(가정맹호)

가혹한 정치는 호랑이보다 무섭다

你(너)의美香醉(아름다운향취해)

季布一諾(계포일락)
이행하지 못하는 약속은 약속이 아니다

仁義禮智信(인의예지신) 5德

사람이 항상 갖추어야 하는 다섯 가지 道理(도리). 어질고, 의롭고, 예의 있고, 지혜로우며, 믿음이 있어야 한다는 것. 五常(오상)

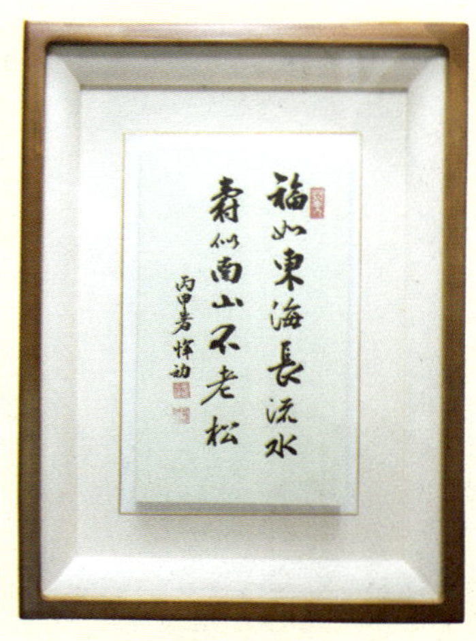

福如東海長流水(복여동해장유수)
壽似南山不老松(수사남산불노송)

복은 길게 흐르는 동해 바다와 같이
수명은 남산(중국)의 소나무와 같이 오래오래 살아라

너의얼굴
고마워요
항상
그 모습으로
함께 해줘서

詩友
깊은 잠에서
깨어나
함께 世上을
풍자하고
노래하는 것

家族(가족)의 힘은 愛(애)사랑

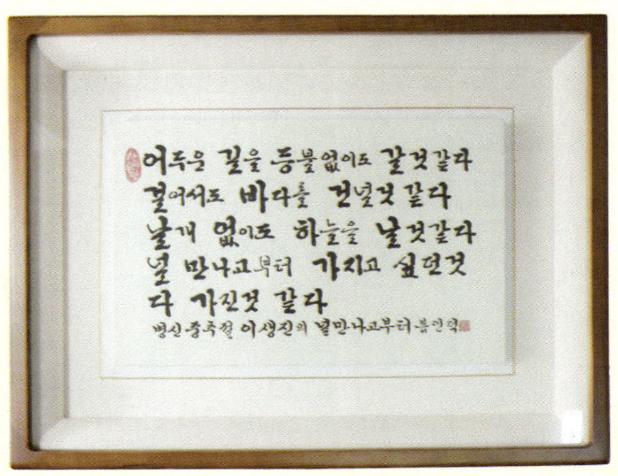
어두운 길을 등불없이도 갈것같다
걸어서도 바다를 건널것 같다
날개 없이도 하늘을 날것같다
널 만나고부터 가지고 싶던것
다 가진것 같다
병신중추절 이생진의 널만나고부터

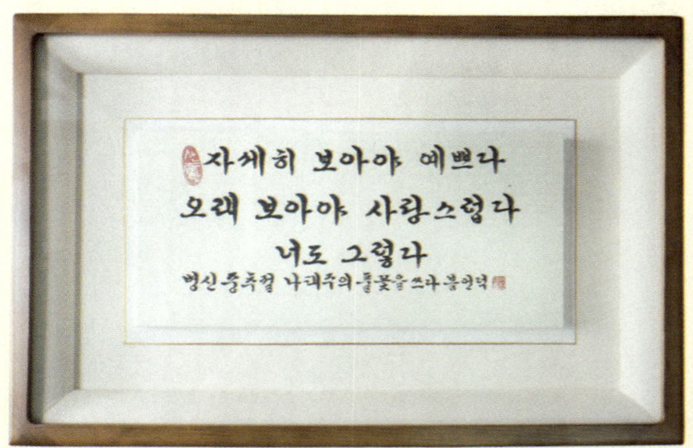
자세히 보아야 예쁘다
오래 보아야 사랑스럽다
너도 그렇다
병신중추절 나태주의 풀꽃을 쓰다

함께 있는
너
것 만으로도
가슴 따뜻한
存在 랍니다

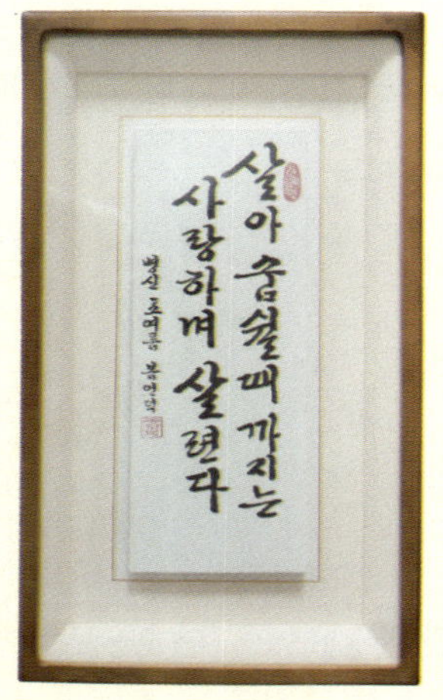
살아 숨쉴때 까지는
사랑하며 살련다